1 MONTH OF
FREE
READING

at

www.ForgottenBooks.com

By purchasing this book you are eligible for one month membership to ForgottenBooks.com, giving you unlimited access to our entire collection of over 1,000,000 titles via our web site and mobile apps.

To claim your free month visit:
www.forgottenbooks.com/free1304063

ISBN 978-0-428-69992-5
PIBN 11304063

EL FOTÓGRAFO

JUGUETE CÓMICO

en un acto y en prosa

ORIGINAL DE

PEDRO MUÑOZ SECA

———

Estrenado en el TEATRO SALÓN REGIO de Madrid, la
noche del 28 de Febrero de 1909

———— ✳ ————

MADRID

R. VELASCO, IMP., MARQUÉS DE SANTA ANA, 11 DUP°
Teléfono número 551

1909

A Plácido Navas y Ramos

Dr. en Medicina y Cirugía

á quien mucho tiene que agradecer su amiguísimo,

El Autor.

REPARTO

PERSONAJES		ACTORES
DEMETRIO	Sr.	PORREDÓN.
MARCELINO		AGUADO.
TELESFORO		MARCHANTE.
PASCUAL		MONTENEGRO.
JOSEFINA	Srta.	RODRÍGUEZ.
PASTORA	Sra.	TORRES.
SALUD	Srta.	DE SIRIA.

La acción en cualquier parte.—Época actual

ACTO UNICO

Gabinete en casa de un fotógrafo. Amplia ventana en el fondo y una puerta en cada lateral. Máquina de fotografiar en el centro. Sillas de diferentes estilos, un banco rústico, un biombo y mesa con fotografías, una guitarra y una pandereta. Es de día.

ESCENA PRIMERA

DEMETRIO y MARCELINO

DEM. (Por la izquierda, muy contento. Es un hombre de cincuenta años, muy cuidadoso de su persona pero un tanto achulapado y ordinariote. Llamando) ¡Carrasco! ¡Carrasco! ¡¡Dónde demonios se ha metido ese hombre? ¡Carrasco!

MAR. (Por la derecha, con una placa en la mano. Es un tipo bilioso y regañón; frisa en los cuarenta años y goza de una calva muy llamativa y de unos bigotes chinescos de largas guias caidas hacia abajo. Viste raídamente.) ¿Qué pasa? ¿A qué vienen esos gritos?

DEM. Abrázame, Marcelino de mi alma.

MAR. (Secamente.) Para abracitos estoy yo.

DEM. ¿Eh? ¿Qué te sucede?

MAR. Que estoy que reboso.

DEM. ¡Hombre!

MAR. Que me tiene ustez los hígados fritos y la sangre al baño de Maria, y el hijo de mi señora madre no le aguanta ancas ni á ustez ni al sursun.

DEM. ¡Carrasco! ¿Pero qué... carrasco te pasa?

MAR.   Jocosismos no, señor Cañas: hágame ustez el categórico favor de no juguetear con el apellido porque no está el horno para obleas.

DEM.   ¿Pero quieres explicarme qué diablos te sucede?

MAR.   Sí, señor: comprendo que ha llegado el instante de que un servidor se exteriorice, y le espete cuatro consideraciones más claras que la propia luz del meridiano.

DEM.   Bueno, hombre; venga de ahí: veamos cómo: por, la señal, etc.

MAR.   Vuelvo á decir á ustez que jocosismos no.

DEM.   Ea, ya estoy serio.

MAR.   Hagamos historia, señor Demetrio. Yo era dueño de este gabinete fotográfico.

DEM.   Y te arruinaste como un panoli.

MAR.   Sí, señor, me arruiné, y mi primo José Ramón, que esté en gloria, viendo que la providencia me obstruccionaba el problema de los garbanzos, me dijo lo que sigue: Marcelino, yo tengo un amigo que se llama Demetrio Cañas, que es sujeto de posibles, y con él podrías entenderte pa levantar el negocio.—Tráeme á ese Cañas—le dije yo. Y ustez vino y hablemos y entremos en sociedad, etc., etc. ¿Es esto el Evangelio?

DEM.   En estrazto.

MAR.   Bueno, pues ustez recordará que cuando firmamos de palabra la escritura oral de que hicimos convenio, se estableció que, de puertas pa adentro, yo; que en lo respective á lo técnico, yo, y que...

DEM.   Al grano, Marcelino: ¿á qué viene todo este epílogo?

MAR.   Pues viene, á que esto no es una fotografía, sino una especie de gabinete de pitorreo con vistas al vacio.

DEM.   ¡Vamos, hombre!

MAR.   Aquí se reunen sus amigos de ustez y dan el tostón como en casa propia: aquí no hay quien pague un trabajo, y desde que á ustez le ha dao por hacer retratos, está mi reputación artística tirá por los suelos, lo cual que no me conviene ni un poco.

DEM. Pero ven acá, só lila: ¿crees tú que voy yo á estar perdiendo mi dinero pa que tú te aproveches? ¡Quita, primo! Aquí viene una buena mujer á retratarse y la coloco yo, y la enfoco yo, y si alguien tiene que manosearle la cara, se la manosea este cura.

MAR. Eso, y venga tocar y más tocar, y luego tengo yo que retocar en la placa, lo que usted toca en la figura. ¡Muy bonito! Menos cuando no hay retoque posible, como en el caso adlátere. Véase la especie. (Enseñándole la placa que conserva en la mano.)

DEM. ¿Qué es esto?

MAR. El grupo que hizo ustez ayer tarde.

DEM. ¡Ah! La familia de esa rubia... ¿Viste qué mujer? ¡Esas son hechuras!

MAR. Vea, vea usted.

DEM. ¿Qué le pasa?

MAR. Borroso, movido, lleno de nubes; aqui un puntito en claro; otro; una estrellita, otra estrellita: ¿esto es una familia ó es la vía láztea?

DEM. ¡Bah!

MAR. Y además las tres muchachas con los ojos hacia arriba. ¿Me quiere ustez decir á qué obedece esa manía de hacer mirar á todas las mujeres al techo?

DEM. ¿Pero tú has visto algo más bonito que una mujer con los ojos de esa manera?

MAR. ¡Malhaya sea el mujerío! Estoy ya de mujeres hasta el pelo.

DEM. ¿Hasta el pelo de quién?

MAR. Jocoserías no, señor Cañas, que me falta media gota pa rebosar. ¿Ustez cree que está ni medio decente lo que hace? ¿Ustez cree que cuando un artista fotógrafo, va y se acerca y toca, aunque sea en una boca de coral, se ocupa de lo que toca?

D M. ¡No que no!

MAR. Vamos, hombre: estoy haciendo aquí unos papelitos que hasta el objetivo me mira con lástima. Y á todo esto, vengan retratos gratuitos, y vayan retratos gratuitos, y trabaje ustez para el obispo, que es lo peor del caso.

DEM.	En eso puede que tengas un poco de razón.
MAR.	Y en lo otro lo mismo.
DEM.	Bueno, vamos á ver, ¿quieres que vengamos á un arreglo?
MAR.	Según y como sea.
DEM.	Atiende: mujer que aqui se retrate, la coloco yo.
MAR.	Pero retrato que aquí se haga, sea de quien sea, se cobra.
DEM.	Conforme.
MAR.	Se acabaron los compromisos y se acabaron los retratos gratuitos.
DEM.	Amén: esta es mi mano.
MAR.	Y esta es la mía. (Se dan las manos.)
DEM.	Y ahora, pásmate: asómbrate.
MAR.	¿Eh?
DEM.	¡He visto á Josefina!
MAR.	¿A la mujer del guardia?
DEM.	Si eso era lo que venia á decirte. ¡La he visto! ¡He hablado con ella! ¡Y va á venir!
MAR.	¡Aquí! Caramba, es ustez terrible, señor Demetrio. ¡Vaya un Cañas!
DEM.	En cuanto que el marido ahueque, se nos introduce por las puertas.
MAR.	Pues tenga ustez mucho ojo con el susodicho marido, porque dicen que se las trae.
DEM.	¿Lo conoces tú?
MAR.	Yo no.
DEM.	Ni yo, y eso es lo que me apura: temo que el mejor día... Y que según tengo entendido cuando saca la hoja... la dobla.
MAR.	Y la hoja no es de parra precisamente.
DEM.	¿Pero tú has visto una mujer como Josefina?
MAR.	Tiene lo suyo.
DEM.	Es una mujer que escupe.. y escupe claveles, así como suena, claveles.

ESCENA II

DICHOS, PASTORA y SALUD

Son dos barbianas y vienen emperegiladas y como para quitar
el sueño

Pas.	¿Se puede?
Dem.	¡Santo Dios!
Salud	Buenas tardes.
Dem.	¡Qué mujer!
Map.	Para servir á ustedes. ¿Están ustedes buenas?
Dem.	¿Vas á preguntar si están buenas? Están super.
Pas.	Gracias por la lisonja.
Mar.	(Ya empezamos.)
Pas.	Pues aquí venimos yo y ésta pa que nos haga ustez un platino que quite el sueño.
Dem.	¡Ole! Ahora mismo.
Salud	Pero no ha de costar mucho dinero, ¿estamos?
Mar.	Según; ¿cómo ha de ser el retrato individual ó colectivo?
Pas.	De cuerpo entero.
Dem.	Ha querido decir que si personal ó impersonal ó séase en grupo.
Salud	En grupo.
Mar.	Pues en grupo, podemos hacer un diez y y ocho por veinticuatro, que vale once pesetas la media docena.
Pas.	¡Qué barbaridaz!
Mar.	Si les parece caro, podemos hacer un doce por quince, ó un siete por doce, y, en fin, podemos hacer el número que ustedes elijan.
Salud	¡Jesús y qué lío!
Dem.	Aquí vamos á hacer ahora mismo un retrato como para ponerlo en un altar, porque las caras bonitas no han necesitao nunca dinero pa retratarse. ¡Ea! No hay más que hablar.

MAR.	Pero...
DEM.	Tú te callas ó te tiro una silla. A ver: la mejor placa que haya en la casa pa retratar á estos dos soles.
PAS.	¡Olé por el rumbo!
SALUD	Esto es hablar.
MAR.	(¡Malhaya sea el mujerío!)
PAS.	Muchas gracias, amigo.
DEM.	Así procede Demetrio Cañas. Tú, Marcelino, carga un *chasis*.
MAR.	Con dinamita lo voy á cargar.
PAS.	¡Jesús y qué mal genio gasta el amigo!
SALUD	Fíjate, le nace el bigote para abajo.
PAS.	Es bigote de cuelga (DEMETRIO ríe.)
MAR.	¿Es que van ustedes á tomarme el pelo?
PAS.	No queda.
SALUD	Puéde que le nazca para dentro.
DEM.	(A MARCELINO.) Vamos, hombre; déjate de tonteras y carga la máquina.
PAS.	¿Dónde nos ponemos?
DEM.	A eso voy: quiero colocarlas yo mismo para que resulte el retrato una filigrana Vamós á ver. (A PASTORA.) Póngase usted aquí; prenda usted la guitarra como si tocara; el pie izquierdo en el palo de la silla; en el otro más alto; un poquito más arriba la falda... (PASTORA obedece.) (¡Camará y qué mujer!) (Agarrándola y palpándola sin llegar á la exageración.) Espere usted; la cara un poquito inclinada; este brazo... así. Este pañuelo del cuello...
MAR.	(¡Valiente tío más sinvergüenza!)
DEM.	De primera. (A SALUD.) Colóquese usted aquí delante. Vamos á ver. (Manosea un poco á SALUD hasta dejarla á su gusto.)
MAR.	(¡El papelito que estoy yo haciendo!)
DEM.	Éste brazo...
SALUD	¿Cómo lo tengo?
DEM.	Precioso, digo... espere usted que yo lo arregle. Van ustedes á salir hablando.
MAR.	(Quien va á salir hablando soy yo: y habrá que oirme.)
DEM.	¡Así! ¡Quietas! Mírenme ustedes ahora; con más cariño, así. Ahora miren ustedes hacia

arriba, como quien sueña, como.. (Tamba-
leándose de gusto.) ¡Dios mío de mi alma!

MAR. ¡Vamos, hombre!

DEM. ¡Quietas! ¡Muy quietas! (Retratándolas.) ¡Ya!

MAR. (¡Con los ojos en blanco, como todas!)

PAS. Ea, pues ya estamos aquí de más.

SALUD Y agradeciendo.

DEM. ¿Y á dónde puedo llevar en persona estos
retratos?

PAS. ¿Pero se va usted á molestar?

DEM. Para ver de nuevo esas caras voy yo á
Pekín.

SALUD No tiene usted que andar tanto: aquí á la
vuelta, en el número dos tiene usted su
casa.

DEM. ¿Viven ustedes solas?

PAS. No, señor, con mi marido que es hermano
de ésta: ustez debe conocerlo, Brazo-fuerte
le dicen, ese que fué sargento de la guardia
civil.

DEM. (Dando un paso atrás.) Sí, Brazo-fuerte, le co-
nozco, sí, señora. (A Marcelino.) Ya sabes dónde tienes que llevar los retratos, Marcelino;
ahí á casa de Brazo-fuerte.

MAR. ¿Yo? ¡Cómo no venga Brazo-fuerte á reco-
gerlos!...

PAS. El vendrá; como está tan cerquita... Ea,
que ustedes lo pasen bien, y muchas gracias.

SALUD Lo mismo digo.

MAR. Vayan ustedes con Dios y recuerdos á Brazo-fuerte de parte del señor Cañas.

(Vanse riendo Pastora y Salud por la izquierda.)

ESCENA III

DEMETRIO y MARCELINO

DEM. Oye tú, ¿es pitorreo?

MAR. Es azúcar del cande: y ahora mismo se lleva
usted esa guitarra, que es lo único que hay
aquí de su pertenencia, y se marcha usted

á donde yo no le vea en un lustro como mí-
nimum, porque... —

DEM. ¡Carrasco!

MAR. Porque me están viniendo ganas de perfo-
rarle el cráneo para ver qué tiene usted dentro, si masa encefálica ó un cubre corsé.

DEM. ¡Marcelino!

MAR. ¡Ya rebosó Marcelino y ya se cansó Marcelino!

DEM. Pero, hombre...

MAR. No hay hombre que valga: ahora mismo...

ESCENA IV

DICHOS y PASCUAL

PAS. (Por la izquierda.) ¿Se puede? (Es un pollito muy
almibarado.)

DEM. Adelante.

PAS. Para servir á ustedes.

MAR. (De muy mal talante) Ustez dirá en qué pode-
mos servirle.

PAS. Deseo que me hagan un buen retrato.

MAR. (Muy expresivo) Con muchisimo gusto. ¿Cómo
está ustez?

PAS. Bien ¿y usted?

MAR. Bien, muchas gracias. ¿No hay novedad por
su casa de ustez?

PAS. No, no señor, muchas gracias.

MAR. Conque un buen retrato, ¿eh?

PAS. Sí, señor.

MAR. ¿Desea ustez ver modelos?

AS. No hace falta; quiero que sea como el que
hizo usted á la señorita de Bermúdez.

MAR. ¡Ah! Grande, platino, cuarenta pesetas la
media docena.

PAS. Sí, señor.

MAR. Muy bien: será usted complacido. Veo que
es ustez una persona de exquisito gusto,
porque todo retrato al platino lleva sin du-
da alguna un marcado sello de distinción y
de arte.

PAS. Sí, señor; sí, señor.

MAR.　En esa clase de trabajos es donde el artista puede laborar con probabilidades de éxito.

DEM.　(¡Atiza!)

MAR.　Ahí tiene ustez el trabajo que se ha dignado citárme, el de la señorita de Bermúdez.

PAS.　¡Oh! Está muy bien.

DEM　Está muy bien en la fotografía, porque este es un vivo, pero ella ¡pa chasco! ella es fea como catorce tiros. ¿Usted no la conoce?

PAS.　Sí, señor; es mi novia.

DEM.　(¡La metí!)
　　(A Marcelino se le cae de las manos lo que tenga en ellas.)

MAR.　(Afectando regocijo.) No le haga ustez caso, caballero; el señor es muy bromista; casualmente no hará ni media hora que hablábamos de su novia de ustez y me decía que estaba enamoradísimo de ella.

PAS.　¿Eh?

MAR.　Siéntese ustez aquí. (Le hace sentar frente a la máquina) Gracias. Míreme ustez con naturalidad, con mucha naturalidad. No, hombre, así, no.

DEM.　Parece que está usted viendo arder su casa.

MAR.　(Riendo forzadamente.) ¿No ve ustez qué bromista? (A este tío lo mato.) Espere ustez, vamos á ver. (Se cubre con el paño y mira á través de la máquina.)

DEM.　(Dirigiéndose á la puerta de la izquierda.) Creo que alguien sube.

MAR.　(Como antes.) Levante un poco más la cabeza.

DEM.　¡Ella! (Corriendo hasta Marcelino.) ¡Marcelino, es ella!

MAR.　Déjeme ustez en paz, hombre. (Vuelve á cubrirse con el paño.)

ESCENA V

DICHOS y JOSEFINA

DEM.　Ya salió el lucero de la mañana.

JOS.　(Por la izquierda. Es una real moza.) Muy buenas. (Advirtiendo la presencia de Pascual.) ¿Eh? ¿Hay gente extraña? ¿No me prometió usted que no habría nadie? Como he venido sin que mi marido lo sepa...

DEM. Pues por eso no se apure usted. (Acercándose á Pascual.) ¿Le daría á usted lo mismo volver mañana á retratarse?

(Marcelino se apoya en la maquina con la boca abierta.)

P.S. ¿Eh?

DEM. Es cuestión de faldas, ¿comprende usted?

PAS. Cuestión de...

DEM. Si me hace usted el favor de volver mañana le haré á usted gratuitamente el retrato que desea.

PAS. No hay más que hablar.

DEM. Gracias.

PAS. Hasta mañana y... que aproveche.

DEM. Vaya usted con Dios.

PAS. (Haciendo mutis por la izquierda.) ¡Buena mujer! (Vase.)

MAR. (Desesperado.) ¡Malhaya sea la hora en que vine al mundo!

ESCENA VI

DEMETRIO, MARCELINO y JOSEFINA

DEM (A Josefina.) ¿Está usted contenta?

JOS. Y agradecida. (A Marcelino.) Amigo, buenas tardes se dice.

MAR. Señora, déjeme ustez en paz.

JOS. ¿Eh?

DEM. Haga usted lo que yo: omita su presencia. Es un pobre bilioso amargao de la vida, que no merece ni un saludo expresivo.

MAR. (Bajo de ira.) No le estropeo á ustez el juego de la boca porque hay delante una señora .. ó lo que sea.

JOS. ¡Oiga usted!

MAR. Pero le hago saber que no he nacido yo para servirle á ustez de felpudo y le apercibo...

DEM Mira, luego hablaremos.

MAR. Y le apercibo...

DEM.	Te digo que luego hablaremos, que tiempo hay. A mí me dejas tú de pompas fúnebres, cuando tengo á un sol al lao.
MAR.	Un rábano.
JOS.	Oiga usted, so tío pelón, ¿eso de rábano, es por mí?
DEM.	No, mujer.
JOS.	Porque le advierto á usted que yo cuando principio á dar gofetás me quedo sola.
DEM.	Vaya, no se obceque usted, Josefina.
JOS.	¡Ay, con el hombre!
DEM.	No es más que un poco nubarrón, pero cuando descarga se queda diáfano. Se acabó la discrepancia. Ahora mismo vamos á hacerle á usted un retrato de ole con ole, que ríase usted de un Mayo florido.
JOS.	¿Hay donde arreglarse una miaja?
DEM.	Tuviera que ver; hay un tocador de primera. ¿Quiere usted pasar, pimpollo?
JOS.	Con mucho gusto.
DEM.	Le enseñaré á usted el camino: por aquí.

(Hacen mutis por la derecha Demetrio y Josefina.)

ESCENA VII

MARCELINO y TELESFORO

MAR.	Si hay un tío más sinvergüenza que ese tío, que me corten el hilo de la existencia. Lo que es de esta vez no pasa: á patás va á salir por esa...
TEL.	(Entrando por la izquierda.) Buenas.
MAR.	(¡Caray!)
	(Telesforo es guardia de orden público. Habla con voz dura, como riñendo y es áspero, seco y mal encarado hasta la exageración.) Muy buenas tardes.
TEL.	(Después de escudriñar con la vista los ángulos todos del gabinete como si persiguiera á alguien.) Aquí ha venido una señora á retratarse.
MAR.	(Asustado.) ¿Una señora?
TEL.	(Cada vez de peor talante.) Una señora, ¿hablo en chino?

2

MAR.	Pues... (¡Caray, caray!)
TEL.	¿Ha venido ó no?
MAR.	No... no, señor.
TEL.	(Sentándose.) Pues vendrá.
MAR.	(¡Se sienta! Debe ser el marido de esa mujer) Mire usted, guardia, que yo sepa, aqui no ha venido señora ninguna ni esperamos tampoco que venga nadie porque...
TEL.	Le digo á usted que vendrá: si lo sabré yo.
MAR.	(¡Malo, malo!) Con el permiso de usted voy á preguntar á mi socio, porque puede que él sepa...
TEL.	Puede usted hacer lo que guste.
MAR.	(¡Qué compromiso! No me faltaba más que esto para acabar de acreditarme. Y viene furioso, ciego. Si encuentra aquí á su mujer... ¡Malhaya sea el señor Demetrio y!...) (Entreabre la puerta de la derecha y llama.) ¡Señor Demetrio! Venga usted en seguida que le aguarda... un amigo.
TEL.	(Consultando el reloj.) (Creerá mi señora madre que yo no tengo otra cosa que hacer nada más que esperarla.)

ESCENA VIII

MARCELINO, TELESFORO y DEMETRIO

DEM.	(Muy contento.) Granito puro.
MAR.	(Bajando la voz) ¡Silencio!
DEM.	¿Eh?
MAR.	(Indicándole la presencia de Telesforo.) ¡El marido!
DEM.	(Estupefacto.) ¡Anda, Dios!
MAR.	Y viene como para que le hagan cosquillas.
DEM.	¡Qué compromiso!
MAR.	A mí no me meta usted en líos ¿eh? porque le advierto á usted que yo canto muy pronto la gallina.
DEM.	¡Malhaya sea!... ¿Le has dicho algo?
MAR.	Que aquí no ha venido señora ninguna.
DEM.	Pues entra y encierra á esa mujer donde no se la oiga.

MAR.   Pero...

DEM.   ¡Vamos, hombre!

MA‹.   Así le cortaran á usted la cabeza. (Vase por la derecha.)

ESCENA IX

TELESFORO y DEMETRIO

TEL.   (¡Pues sí que se -traen misterios estos socios!)

DEM.   (¡Vaya una carita que se gasta!) (Sin moverse de junto á la puerta) Buenas tardes, señor guardia.

TEL.   (Secamente.) Buenas.

DEM.   (Como seco, es seco.) (Pausa.) (Y qué le digo yo á este hombre?) Pues... me ha dicho el compañero, es decir, el fotógrafo, porque yo aqui no soy nadie ¿comprende usted? Pues... me ha dicho que venia usted preguntando por... y que él, le ha dicho á usted que... vamos, la verdad, porque yo no iba á decirle á usted una cosa por otra.

TEL.   ¿Y qué es lo que quiere usted decirme?

DEM.   Pues... eso; que aquí... aquí no ha venido señora de ninguna clase.

TEL.   Y yo le digo á usted lo mismo que le he dicho á él: que vendrá.

DEM.   (Cada vez más apurado y más temeroso) Amigo guardia... oiga usted el consejo leal de un hombre que ni es fotógrafo, ni tiene nada que ver con esta fotografía: no haga usted caso de habladurías de poca monta y... viva usted tranquilo porque... el amigo Marcelino es incapaz de.. ¡Vaya, con verlo basta! Respecto á mí... ya comprenderá usted que... Yo... vengo aquí porque... Pero ni yo soy fotógrafo, ni tengo nada que ver con la fotografia; ¿estamos?

TEL.   Bueno, ¿y qué?

DEM.   Pues... con franqueza: usted... usted viene equivocado.

TEL.   ¿Eh?

Dem.   Vuelvo á decirle á usted que aqui no ha venido señora ninguna: puede usted registrar
si gusta.

Tel   Y yo vuelvo á decir á usted, que vendrá.

Dem.   Bueno, pero... ¿no estará usted un poco
ofuscado? Porque á veces... un vapor calen-
turiento ..

Tel.   ¿Usted es tonto?

Dem.   Hombre, tanto como tonto...

Tel.   Advierto á usted que á mí lo que más me
jeringa es la conversación.

Dem.   Vaya pues... (Este tío trae las del beri.) (Telesforo consulta de nuevo el reloj y taconea desesperado.) (¡No lo dije!)

Tel.   (Golpeándose una rodilla.) ¡Que todas las mujeres
han de ser lo mismo! ¡Maldita sea!

Dem.   (Temblando.) (Aquí no van á quedar ni los
rabos.)

ESCENA X

DICHOS y MARCELINO

Mar.   (Por la derecha y muy azorado. Aparte á Demetrio.)
Ya.

Dem.   ¿Bajo llave?

Mar.   Sí. (Por Telesforo.) ¿No se va?

Dem.   Ni piensa; estamos perdidos.

Mar.   A mí no me meta usted en líos, ¿éh?

Dem.   Hay que darle la coba.

Mar.   Alla usted.

Dem.   Escucha, Marcelino ¿por qué no le haces al
amigo un retrato bueno, por cuenta de la
casa?

Mar.   Ya lo creo: si usted lo indica... ya sabe usted que aquí es usted el que manda porque
yo no soy más que.. un dependiente de
usted.

Dem.   ¿Éh? Mira, poco á poco: cualquiera que te
oyese, creería que yo era el fotógrafo ó el
dueño de la fotografía y yo aquí no soy dueño más que de esta guitarra.

MAR. (¿Será comprometedor?)

DEM. Te he dicho lo del retrato porque de ese modo se le hará más corta la espera al amigo y sobre todo porque el amigo tiene una gran figura para un buen retrato.

MAR. En eso no le quito á usted la razón: pocos hombres habrá á quienes siente mejor un uniforme.

DEM. Como que el uniforme lo que exige es eso, cuerpo, esbeltez, cintureo y aquí el amigo puede estar satisfecho de su cuerpo.

MAR. Y no hay que olvidar la cara ¿eh?

DEM. Sobre todo así, de perfil, como está ahora.

MAR. Muy interesante.

DEM. Ea, pues nada de economías: venga el mejor material que haya en el taller.

MAR. Ahora mismo.

DEM. (Ni se cosca.)

MAR. (Lo estoy viendo tirar del sable y...)

TEL. (Más secamente que nunca.) ¿Dónde me pongo?

DEM. Donde usted quiera: pues no faltaba más: está usted en su casa.

MAR. Si fuera usted tan amable que se colocara aquí enfrente..

DEM. (Sugetando á Telesforo.) No, señor. ¿Por qué se ha de molestar? Siempre has de está molestando á todo el mundo.

MAR. Es que...

DEM. Varia tú la máquina, que es bastante más sencillo: el amigo está aquí cómodamente y á su placer: no hay necesidad de incomodarle para nada.

MAR. Es verdad: dice usted bien. (Carga con la máquina colocándose ante la puerta de la izquierda.)

DEM. ¡Claro! Y nada de fatigarlo; que se retrate como quiera: que se coloque como le dé la realísima gana: á su capricho.

TEL. (Levantándose.) ¿Ha dicho usted á mi capricho?

DEM. (Retrocediendo asustado.) Sí, señor.

TEL. (Sacando el sable impetuosamente.) Pues ahora van ustedes á saber lo que es bueno. (Marcelino y Demetrio lanzan un grito de espanto y se parapetan tras de los muebles. Telesforo queda extrañadísimo con el sable en alto y sin variar de la postura que adoptó.) ¿Eh?

DEM. (Temblando,) Caramba que... creí que...

MAR. ¡Caray, que repullo!

DEM. (A Marcelino.) Vamos, hombre, que me has asustado. ¿No has comprendido que lo que quiere es retratarse en esa posturita?

TEL. ¡Claro!

MAR. Sí; sí señor: pero como está uno temeroso de que...

TEL. ¿Eh? ¿Temeroso de qué? (Suena dentro el ruido de cien cosas de porcelana que se hacen añicos.) ¿Qué es eso?

DEM. (¡Ella!)

MAR. (¡Las pilas! ¡Ha roto las pilas!)

TEL. ¿Hay alguien adentro?

DEM. No: no señor. (Nuevo ruido analogo al de antes.)

TEL ¿Dice usted que no?

MAR. (¡El baño grande!)

JOS. (Dentro con voz ahogada.) ¡Socorro!

TEL. ¿Eh? ¿Ese grito?

DEM. (¡Estamos perdidos!)

MAR. (¡Dios mío de mi alma!)

JOS. (Como antes.) ¡Socorro!

TEL. (Sacando de nuevo el sable.) ¡Quieto todo el mundo! ¡A ver qué es eso: pronto!

DEM. (Cayendo de rodillas ante Telesforo.) ¡Guardia! ¡Amigo guardia!

MAR. (Arrodillándose también.) Perdón, yo soy inocente.

DEM. Yo no he influido en ello: ¡guardia!

TEL. Pronto: ¿quién grita? ¿quién pide auxilio?

DEM. Una... una mujer.

TEL. ¿Eh?

MAR. Yo le aseguró á usted...

DEM. Vino porque quiso...

MAR. A retratarse

DEM. Yo no la he tocado, palabra.

MAR. Ni yo: se lo juro.

DEM. ¡Guardia!...

TEL. Pronto: ¿quién es esa mujer?

DEM. Josefina.

TEL. ¿Josefina? ¿Qué Josefina?

MAR. Su mujer de usted.

Tel. ¿Mi mujer? Pero si yo no soy casado.

Dem. (Levantándose.) Caramba: haberlo dicho.

Mar. (Idem.) Vamos, hombre: pues menudo susto nos ha metido usted en el cuerpo.

Dem. Como decía usted que aguardaba á...

Tel. A mi madre.

Dem. ¡Ay, su madre! ¡Vaya usted mucho con Dios!

Tel. ¡Oiga usted!

Dem. (A Marcelino.) Abrele á esa mujer, hombre. (Marcelino hace mutis por la derecha.) Pues no es usted nadie asustando: y lo he llamao á usted hasta esbelto. ¡Maldita sea!

Tel. Pero...

Dem. Nada, hombre; bastante hemos hablao ya. Esa es la puerta.

Tel. Es que yo vengo á encargar un retrato con mi dinero.

Dem. Pues no sirve su dinero de usted: vaya usted á otra parte: se acabó.

Tel. ¿Me echa usted?

Dem. Sí, señor.

Tel. ¡Ah! Eso es otra cosa: en ese caso, me voy. Pero conste que me voy porque quiero; porque no soy yo el que debe de armar cuestiones, y bastante he dicho. Quede usted con Dios. (Haciendo mutis.) Y bastante le he dicho. (Vase.)

ESCENA XI

DEMETRIO, JOSEFINA y MARCELINO

Mar. (Corriendo y parapetándose tras Demetrio.) ¡Señora! Modérese usted.

Jos. (Enfurecida.) A usted le tengo yo que sacar los ojos, so pendón, so tío sinvergüenza. ¿He venido yo aquí para que usted me encierre?

Mar. Hombre, justifíqueme usted, señor Cañas.

Dem. (Haciéndose el nuevo.) ¡Cómo! ¿Pero ha encerrado á usted?

Jos. Y en un cuarto oscuro.

Dem.   Si es una mala persona.

Mar   ¡Señor Demetrio!

Jos.   (Jurando.) Por estas, que va usted á saber
        quién soy yo: poco he de poder ó no retrata
        usted en esta casa ni á las moscas.

Dem.   Vamos, cálmese usted.

Jos.   ¡Canalla!

Dem.   Pero...

Jos.   Déjeme usted pasar, porque si no me mar-
        cho, lo ahogo.

Dem.   ¿Estás viendo? Mira lo que has conseguido
        con tus bromitas.

Mar.   ¡Señor Demetrio!

Jos.   Mi marido vendrá á pedirle á usted cuen-
        tas.

Mar.   ¡Señora!

Jos.   (Jurando.) ¡Por estas! (Al salir da un empujón á la
        máquina que Marcelino colocó cercana á la puerta y la
        hace añicos.) ¡Anda! (Vase.)

Mar.   (Livido.) ¡La máquina!

Dem.   (A Marcelino.) Tiene gracia esa mujer hasta
        cuando tira las cosas.

Mar.   (Como loco.) ¡Señor Demetrio! ¡Rece usted el
        credo!

Dem.   Si no lo sé.

Mar   ¿Me quiere usted decir qué hago yo ahora?

Dem.   Toma, lo que yo. (Al público.)
            Suplicar una palmada
            si el juguetillo ha gustado
            y han perdonado sus faltas. (Telón.)

                    FIN DEL JUGUETE

OBRAS DE PEDRO MUÑOZ SECA